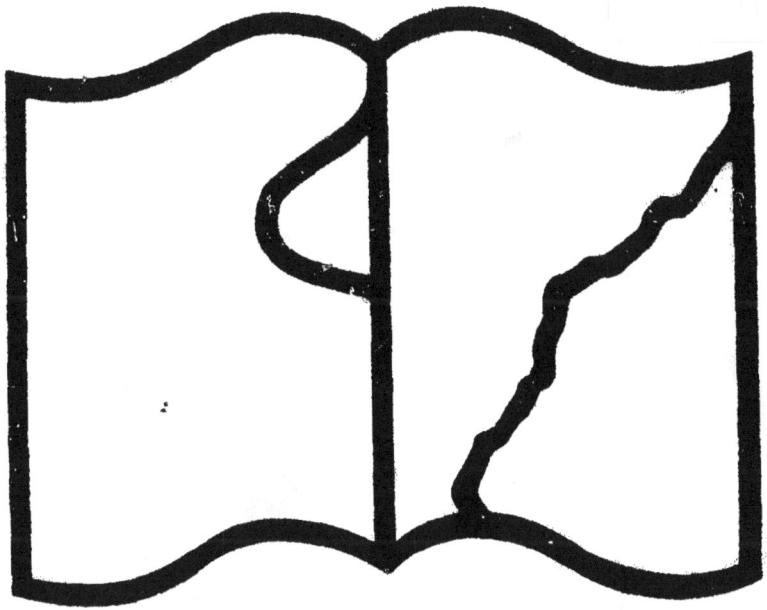

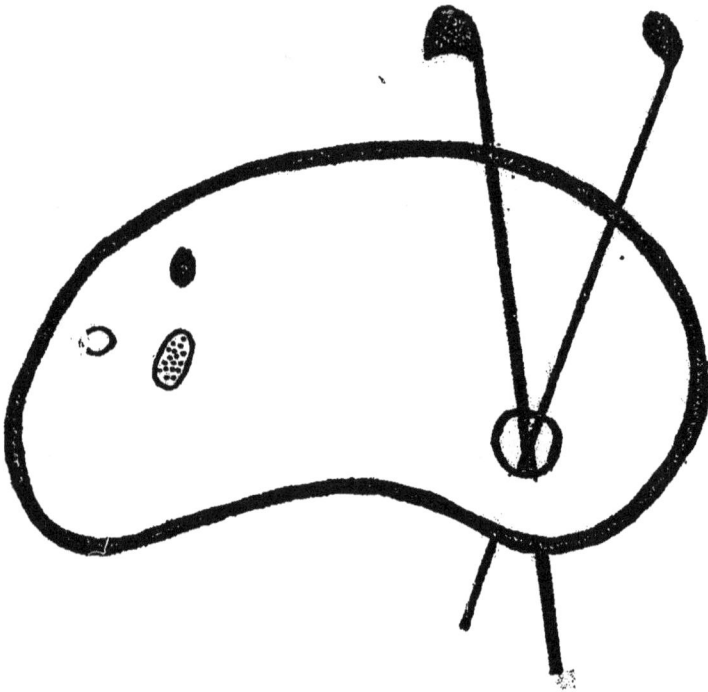

DEBUT D'UNE SERIE DE DOCUMENTS EN COULEUR

10 *Centimes*

LES
PARLEMENTAIRES

Par Paul DÉROULÈDE

❦

DISCOURS PRONONCÉ
A BORDEAUX
LE 1er JUILLET 1909
A L'ALHAMBRA

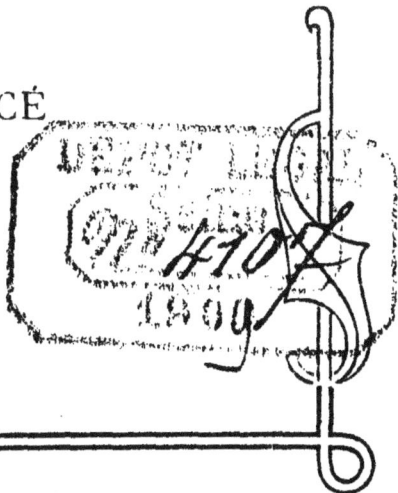

Éditeurs, 7, Place St-Sulpice, PARIS

Imprimerie de la Pres
et de la Patrie :: ..

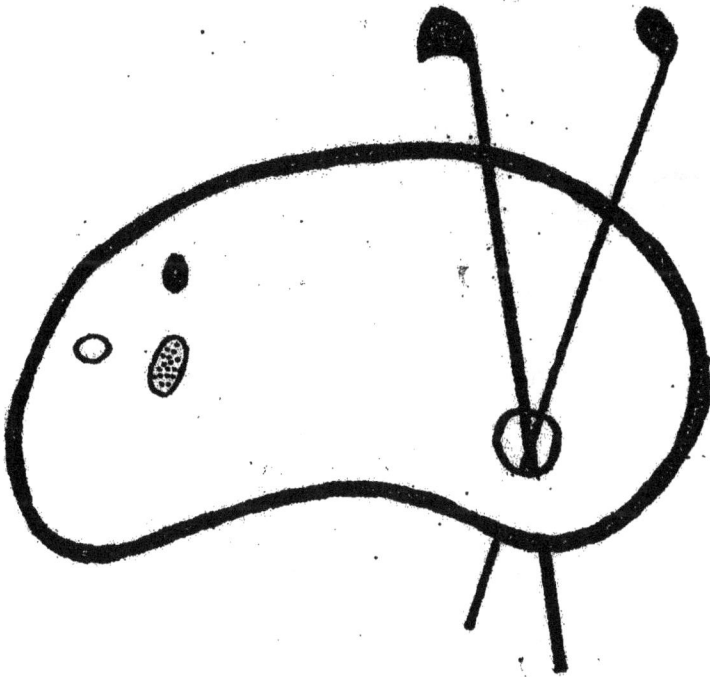

DISCOURS

Prononcé à Bordeaux, le 6 juillet 1909

à l'Alhambra

(Sténographie de la " Liberté du Sud-Ouest ")

❧ ❧

Mesdames, Messieurs,

De toutes les villes de France que j'ai parcourues ou visitées dès ma jeunesse — car j'aime d'autant plus ma patrie que je la connais mieux — il n'en est guère dont j'aie gardé meilleur souvenir que de votre antique, pittoresque et artistique cité bordelaise.

D'abord, ce furent des liens de famille et d'amitié qui m'attirèrent ici ; ce furent ensuite les multiples attraits de vos quais, de vos promenades, de votre bibliothèque, où se trouve un si curieux exemplaire de

1

Montaigne, de votre musée où sont collec-
tionnées tant de belles œuvres, de vos
excellents et nombreux théâtres qui continuèrent à m'y attirer chaque année en bon
voisin charentais que je suis.

Plus tard — et ce n'est pas un des
moindres titres à ma reconnaissance —
aux mauvais jours, aux jours cruels de
l'exil, combien de Bordelais et de Borde-
laises dont plus d'un et plus d'une sont dans
cette salle, m'ont fait la charité de m'apporter à Saint-Sébastien, l'aumône de leur
sympathie et la consolation de leur belle
humeur.

En outre — et que l'on ne prenne pas
pour une flatterie à l'adresse de la presse
locale une simple et sincère constata-
tion — c'étaient les trois anciens journaux
de Bordeaux, aussi éloignés les uns et les
autres de mes opinions qu'en est proche
aujourd'hui, je l'espère, leur frère cadet,
la *Liberté du Sud-Ouest*, c'étaient ces trois
journaux qui nous fournissaient chaque

matin, à Marcel Habert et à moi, cette pâture quotidienne, aussi indispensable pour nous que le pain de chaque jour : des nouvelles de France. (*Applaudissements.*)

L'Exil.

Ah ! messieurs, vous ne savez pas — et que Dieu vous garde de jamais savoir — de quelle soif et de quelle faim des journaux de son pays est dévorée l'âme d'un exilé ! Avec quelle anxiété il prête l'oreille aux cris des « *periodicos* » ; avec quelle hâte il court à la gare pour voir s'ils sont arrivés et avec quelle tendresse il s'enferme avec eux, pour se plonger, pour s'absorber, pour se revivifier dans leur lecture.

Peu nous importait, je vous l'assure, à Marcel Habert et à moi, si vos rédacteurs disaient du bien ou du mal de nous : ils nous parlaient d'Elle : la France ! *Nouvelliste ! Petite Gironde ! France de Bor-*

deaux ! qui nous avez plus d'une fois blâmés et qui nous blâmerez peut-être encore demain, merci pour toutes les heures de rapatriement que cinq ans durant vous avez données chaque matin aux expatriés ! (*Applaudissements.*)

Il est encore un autre souvenir, bien bordelais aussi celui-là et que je ne saurais passer sous silence, au milieu de vous, puisque c'est à cette occasion que j'ai appris à connaître et à estimer l'un des vôtres qui est devenu depuis mon ami.

Je veux parler de la splendide fête de gymnastique que les gymnastes de votre région sont venus donner dans les arènes de Saint-Sébastien. C'était, je crois, en août ou en septembre 1904. De tous les présidents de sociétés qui étaient là, plus d'un m'avaient beaucoup connu jadis, qui ne voulaient plus me connaître. Ce fut celui qui me connaissait à peine qui vint à moi.

A la grande stupeur des timorés, au grand courroux des ministériels, à ma profonde surprise à moi-même, cet imprudent président prit la peine de me venir chercher à l'humble place que j'occupais et me fit asseoir au premier rang de sa loge, sous prétexte, me disait-il, que ce n'était pas parce que j'étais banni qu'il pouvait oublier ce que le président de la Ligue des Patriotes avait fait en France et à Bordeaux même pour la cause de l'éducation physique.

Ce hardi personnage, qui ne craignait pas d'être reconnaissant aux lieu et place de qui se montrait ingrat, cet homme de cœur qui se piquait d'être juste, est-il besoin de vous le nommer ? N'avez-vous pas tous deviné qu'il n'était autre que le non moins hardi organisateur de cette belle réunion d'aujourd'hui, mon ami Louis Daney ?

C'est encore à Saint-Sébastien, toujours en Espagne, que j'ai eu l'honneur d'une longue rencontre et d'une intéressante conversation avec votre éminent archevêque d'alors, Monseigneur Lecot.

J'ai déploré comme vous la mort prématurée qui l'a enlevé à nos deux diocèses, mais je me suis réjoui, et je me réjouis encore avec vous, de l'avoir vu revivre, non moins charitable, non moins bon, non moins simple, mais plus alerte et plus vigoureux peut-être, dans la personne de ce sage et fier cardinal Andrieu, autour duquel (*Applaudissements*)... dans la personne de ce sage et fier cardinal Andrieu, qui veut bien rendre à César ce qui appartient à César, mais non pas laisser disputer à Dieu ce qui appartient à Dieu (*Applaudissements.*)

Je rappellerai enfin, non pas pour me vanter ou pour m'excuser, mais parce que je n'ai jamais rien renié de mon passé, qu'en 1888, je suis venu ici parler à plusieurs reprises, pour plusieurs aspirants députés et entre autres pour M. Jourde, lorsque j'avais l'honneur d'être le lieutenant du général Boulanger. (*Applaudissements.*)

Vous voyez, n'est-ce pas, combien sont déjà nombreux, intéressants et précieux pour moi les points de contact qui me relient à votre ville et à vous-mêmes. Aussi, lorsque mon ami Louis Daney a fait appel à moi, je n'ai pas hésité, heureux que j'étais de commencer par Bordeaux la propagande départementale à laquelle j'entends me consacrer, s'il plaît à Dieu. Et l'accueil dont vous récompensez ma venue ajoute encore un chaînon de plus à la chaîne déjà si longue de mes bons souvenirs girondins.

Précautions oratoires

Seulement, en raison même des ardentes sympathies que vous venez de me témoigner, à peu d'exceptions près (*rires*), je crois prudent de prendre vis-à-vis de vous deux précautions..., deux précautions oratoires, s'entend ! La première, la plus urgente, étant donné un assez grand nombre de charmants visages féminins que j'ai en face de moi, c'est de prévenir mon auditoire et surtout mes auditrices que la conférence que je vais leur faire n'aura rien de bien divertissant.

Vous n'êtes pas sans avoir entendu fredonner dans ce pays où l'on chante si bien, le fameux couplet de Béranger :

> Si la politique ennuie
> Même en frondant les abus,
> Rassurez-vous ma mie.
> Je n'en parlerai plus.

Hé bien, si, Mesdames, j'en parlerai ; je ne parlerai même que de cela — tout en tâchant de vous ennuyer le moins possible et de fronder le plus d'abus que faire se pourra ; — mais ce n'en est pas moins un cours de droit constitutionnel ou anticonstitutionnel que vous allez avoir à subir ce soir.

La deuxième précaution a trait, celle-là, à mes opinions personnelles. Plus vives, plus ardentes seront mes attaques contre « la loi du 25 février 1875 relative à l'organisation des pouvoirs publics », — attaques parfaitement légales d'ailleurs, puisque cette loi, qui contient une clause de révision ne peut être révisée que si on la trouve mauvaise, — plus je vais m'acharner à vous démontrer qu'elle est exécrable, plus je dois craindre qu'un malentendu ne s'établisse entre nous et que vous ne vous imaginiez, les uns pour m'en blâmer, les autres pour m'en approuver, que j'ai changé mon fusil d'épaule et que je tire maintenant sur la République. Non, non, non ! cent fois non ! Je ne tire pas sur la République. Je tire sur le Parlementarisme, je tire sur la souveraineté parlementaire et ce que je cherche à relever, c'est la souveraineté populaire. (*Applaudissements prolongés.*)

Je vise d'autant moins la République
dans mes attaques, je tire d'autant moins
sur ce qui a été le premier idéal de ma jeunesse et sur ce qui reste malgré tout une
espérance de mon âge mûr, que la République n'existe chez nous qu'à l'état d'ap-
parition : et qu'un fantôme n'est pas une
cible !

On a bien donné ce beau nom à un Corps
Législatif composé de deux Chambres
qui ne se servent même pas de contrepoids
l'une et l'autre et entre lesquelles le chef
de l'Etat n'a pas plus le moyen que le pouvoir d'être arbitre ; on a bien collé au dos
de 800 parlementaires, maîtres absolus de
nos destinées intérieures et extérieures,
une étiquette qui porte ce noble titre ;
de grands artistes ont bien dressé dans nos
carrefours d'admirables statues coiffées
du bonnet phrygien et tendant aux pas-
sânts un rameau d'olivier. Mais tout le
monde sait à n'en pas douter, que le bonnet
phrygien de la fausse déesse n'est qu'un

vieux sac d'écus dont elle a commencé par vider le contenu dans sa poche (*Applaudissements*) et que son rameau d'olivier n'est qu'une trique. (*Applaudissements.*)

La Constitution

Comment ? par quelle déviation de sa marche, à la suite de quelle perversion ou de quel oubli de tous les principes de 1789 comme de tous ceux de 1848, la révolution du 4 Septembre, faite, on l'affirmait du moins, au nom du patriotisme, au nom de la justice et de la liberté, a-t-elle abouti à ce régime d'oppression, d'iniquité et de désagrégation nationales ? C'est, si vous le voulez bien, ce que nous allons examiner et rechercher ensemble.

Je ne vous dirai pas, comme le disait orgueilleusement Bebel à Jaurès, au congrès de Stuttgart, je ne vous dirai pas : « Votre République ? C'est Bismarck qui l'a donnée à la France ! » Mais je

vous dirai, comme le disait tristement
Louis Blanc : « Votre République ? ce
sont les royalistes qui nous l'ont infli-
gée. » (*Applaudissements prolongés.*)

Au surplus, voici la définition qu'en
donnait M. de Laboulaye à l'Assemblée
Nationale de Versailles, pour entraîner
le vote des hésitants qui ne voulaient ni le
mot ni la chose et à qui il fit ainsi accepter
le mot sans la chose : « Vous ne voyez
donc pas, leur disait-il ingénument, vous
ne voyez donc pas que cette République-
là, c'est la royauté sans le roi ! »

Les hésitations tombèrent, le vote fut
enlevé et cette royauté sans le roi prépara
logiquement le règne des Républicains
sans République.

Tout d'abord les démocrates sincères ou
qui se vantaient de l'être protestèrent
violemment contre cette non-organisation
ou cette désorganisation de la démocratie.
Ils avaient du reste commencé par dénier
absolument à l'Assemblée nationale le

droit de se déclarer Constituante. Les autres, forts de leur nombre, n'en continuèrent pas moins leurs délibérations constitutionnelles.

Seulement, si l'ensemble de cette majorité était résolument monarchique, elle se divisait en trois fractions non moins résolument dévouées chacune à un monarque différent. Les uns tenaient pour la monarchie légitime, c'est-à-dire pour le descendant de Charles X, les autres pour la monarchie illégitime, c'est-à-dire pour les descendants de Louis-Philippe Ier, intronisé roi comme chacun sait, par une poignée de députés factieux. Les autres enfin tenaient pour la monarchie césarienne, c'est-à-dire pour Napoléon IV.

« Trois personnes pour un seul trône, leur disait sagement M. Thiers, c'est trop de deux », et il ajoutait avec non moins de sagesse qu'au lieu de se mettre en quête d'un porte-sceptre, les conservateurs feraient mieux de s'entendre pour fonder avec lui la République conservatrice. Ces Messieurs s'entendirent en effet, mais ce fut pour renverser M. Thiers, pour essayer de faire conspirer le maréchal, qui ne conspira pas, pour essayer de faire marcher la France qui ne marcha pas et pour nous léguer, de guerre lasse, la plus illogique, la plus absurde, la moins française des constitutions qui ait jamais pris naissance sous le soleil de la Gaule. (*Applaudissements.*)

Cette fâcheuse besogne une fois accomplie et non sans avoir, au préalable, disséminé le plus grand nombre possible de ses membres dans un Sénat hétéroclite, l'Assemblée nationale s'écroula au milieu d'une impopularité qui n'a d'égale que celle dont nos parlementaires jouissent aujourd'hui.

Les Parlementaires

Cependant, après avoir, au début, maudit constitution et constituants par la bou-

che des Faid'herbe, des Madier de Mon-
jau et des Gambetta, après avoir placardé
sur tous les murs de France des profes-
sions de foi passionnément révisionnistes,
après avoir clamé aux quatre vents du ciel
que le suffrage universel était violé,
mutilé, annihilé, les députés républicains,
dont le nombre s'était accru de jour en
jour grâce à cette campagne, étaient deve-
nus à leur tour la majorité. Une profonde
accalmie s'étendit aussitôt sur toutes ces
tempêtes réformatrices, et hormis Gambetta, Louis Andrieux et une trentaine
d'hommes politiques sérieux et convain-
cus, l'immense majorité des politiciens se
montra résolue à ne plus laisser toucher
désormais à leur « instrumentum regni »,
qui allait devenir leur « instrumentum
fortunæ ».

Et en effet, soit par imprévoyance des
résultats futurs, soit au contraire dans le
but et avec l'espoir qu'un régime aussi
complètement boiteux n'irait pas bien loin,

les constituants de 1875 avaient déchaîné
sur la France le fléau d'une assemblée
omnipotente n'ayant en face d'elle qu'un
chef d'État purement nominal, ayant, par
devers elle, tous les pouvoirs, et complètement maîtresse de les créer ou de les
détruire à sa guise. Car le Parlement ne
peut pas seulement faire tomber les
ministres, il peut et il sait aussi faire
tomber les présidents de la République ;
M. Grévy et le maréchal de Mac-Mahon
l'ont bien vu.

Bref, voulues ou non, prévues ou non
prévues, les déplorables conséquences de
ce gouvernement par les Chambres furent
les suivantes : une nation de 38 millions
d'âmes, un corps électoral de 10 millions
de citoyens, tous les préfets, tous les
magistrats, toute l'Université, toute l'armée, les douze ministres et les présidents
de République eux-mêmes devinrent la
proie, la propriété, la chose d'une petite
collectivité de potentats, dont le chiffre

utile, je veux dire le chiffre nuisible, ne s'élève pas à plus de 600, (sénateurs et députés compris), mais dont les 1.200 mains nous tiennent à la gorge et dont les 1.200 pieds nous foulent et nous écrasent sans scrupule et sans merci.

Un de leurs hauts fonctionnaires, non pas des moins dévoués, mais des plus sceptiques, M. le procureur général Bulot, irrité un jour des attaques dont la magistrature était l'objet, expliqua, dans une lettre rendue publique, les injustices de la Justice par l'ingérence des membres du Parlement qui s'immiscent en maîtres dans toutes les administrations tant judiciaires que militaires, universitaires ou financières. Il qualifia même la chose d'un mot qui a fait fortune, il l'appela : « Le fait du Prince. »

Il aurait pu aussi bien dire le « fait des princes », car ils sont plus d'un. Et quels princes, Messieurs, que ce ramassis d'ambitieux, dont, à quelques exceptions près

d'autant plus honorables qu'elles sont plus rares, on peut affirmer que les uns ne sont députés que parce qu'ils sont riches; que les autres ne sont riches que parce qu'ils sont députés... (*applaudissements*)... et qui en sont arrivés à installer à eux tous sur la libre terre de France, la plus exécrable des féodalités qui aient jamais entravé et contraint des volontés humaines.

Un de vos grands concitoyens, Montesquieu a dit le premier : « Lorsque la puissance exécutrice et le pouvoir législatif sont confondus dans une même assemblée, il n'y a plus de liberté. » Et les sages révolutionnaires de la première Révolution l'ont dit aussi dans leur belle Déclaration des Droits de l'Homme, que l'on épelle peut-être encore dans les écoles s'il faut en croire l'enfantine réponse de M. Doumergue au beau discours de mon ami Barrès, mais que bien certainement personne ne lit plus au Parlement.

En voici l'article 16 : « Une société où la garantie des droits n'est pas assurée, ni la séparation des pouvoirs délimitée, n'a pas de constitution. »

Je vous laisse à décider vous-mêmes, Messieurs, si nos droits sont garantis, si les pouvoirs sont séparés et si la société dans laquelle nous avons le triste avantage de vivre a ou n'a pas de constitution.

Du moins est-il certain qu'elle n'a pas de liberté. (*Applaudissements.*)

Suffrage universel
et Suffrage restreint

Que si quelqu'un d'entre vous m'objectait, comme me l'ont fait souvent maints contradicteurs, que c'est le seul Suffrage Universel qui est le vrai responsable des maux dont nous souffrons, puisque somme toute, c'est lui qui nomme les malfaiteurs qui nous en accablent, je lui répondrai que les « princes », ces fameux « princes », dont parlait M. Bulot et dont la tyrannie fait assez peur à des magistrats pour leur faire lâchement préférer leur situation à leur conscience... Eh ! bien, mais les électeurs aussi en ont peur ; les électeurs aussi redoutent de voir leurs parents, leurs amis, leur commune, leur département même, frappés ou menacés dans leurs intérêts vitaux; de se voir privés eux-mêmes, non pas seulement de toute faveur mais de tout droit et enfin de vivre administrativement soumis à un régime « d'outlaw » auprès duquel le sort de Robin des bois était le paradis sur la terre. (*Rires.*)

Après tout, pourquoi Jacques Bonhomme serait-il plus brave que Jacques pas-Bonhomme ?

Et vous qui lui reprochez ses erreurs ou ses faiblesses, ô hommes d'ordre si soucieux d'être mieux gouvernés, d'être mieux administrés, d'être moins malmenés, que faites-vous pour lui rendre confiance et courage, à ce pauvre diable qui n'a dans sa poche que son bulletin de vote. (*Applaudissements.*)

Combien êtes-vous qui alliez à lui avant l'heure du scrutin ? Combien êtes-vous même qui vous présentiez à lui lorsque sonne cette heure décisive ? Ah ! c'est bientôt dit, le suffrage universel est un grand coupable ! Et vous, les gens de plaisir, vous les gens de sport, chasseurs de chasses réservées, jockeys des courses d'amateurs, conducteurs d'automobiles à 40 chevaux, pilotes de yachts de plaisance, clubmen et dilettantes, vous croyez-vous innocents parce que vous êtes inutiles ? (*Applaudissements.*)

Et puis, en vérité, en quoi le suffrage universel, qui ne nomme d'ailleurs ni les sénateurs, qui ne valent pas beaucoup plus que les députés, ni les présidents de république qui se valent à peu près tous, en quoi le suffrage universel de nos jours vous semble-t-il plus mauvais que le suffrage censitaire du temps de Louis-Philippe ? Etes-vous bien sûrs (c'est aux royalistes que je m'adresse), êtes-vous bien sûrs que les parlementaires de la monarchie constitutionnelle furent sensiblement supérieurs aux parlementaires de notre République mal constituée ? Pour ma part, je ne le crois pas.

Je me souviens même que leurs contemporains les appelaient déjà des « bornés et des repus » ; je me souviens également que c'est leur majorité vénale et obtuse dont les fautes, la résistance au progrès et aussi les concussions ont déchaîné sur le vieux roi Louis-Philippe la révolution du mépris prophétisée par Lamartine.

A juger de l'arbre par ses fruits, il faut avouer que comme producteur de corruption les deux régimes n'ont rien à s'envier. En doutez-vous ? Vous faut-il un témoin plus sûr que l'homme politique qu'était devenu le grand poète des Méditations ?

Ecoutez la description que faisait des mœurs de son temps un autre grand poète, resté exclusivement poète celui-là, mais à qui les vilenies de l'époque ont inspiré une satire vengeresse dont j'ai retenu pour vous les passages les plus frappants.

Après avoir commencé par déplorer les violences de la presse :

Tonneau d'encre bourbeux par Fréron défoncé
Dont jusque sur le trône on est éclaboussé.

Alfred de Musset, — car c'est lui que je cite — Alfred de Musset, en qui l'amour de la Patrie l'emporta ce jour-là sur les autres amours, dépeint en ces termes le spectacle qu'il a sous les yeux :

D'abord un mal honteux, le bruit de la monnaie,
La jouissance brute et qui croit être vraie,
La mangeaille, le vin, l'égoïsme hébété
Qui se berce en ronflant dans sa brutalité.
Ensuite un mal profond, la croyance envolée,
La prière inquiète, errante, désolée,

Et pour qui joint les mains, pour qui lève les yeux
Une croix en poussière, et le désert aux cieux !
Puis un fléau moderne, une peste nouvelle,
La médiocrité qui ne comprend rien qu'elle,
Qui pour chauffer la cuve où son fer fume et bout
Y jetterait le bronze où César est debout.

. . . .

Puis un mal dangereux qui touche à tous les crimes
La sourde ambition de ces tristes maximes
Qui ne sont même pas de vieilles vérités
Et qu'on vient nous donner comme des nouveautés.
Vieux galons de Rousseau ! défroque de Voltaire !
Carmagnole en haillons volée à Robespierre
Charmante garde-robe où sont emmaillottés
Du peuple souverain les courtisans crottés !

. . . .

Et le poète conclut, non sans amertume :

Il n'est que trop facile à qui sait regarder
De comprendre pourquoi tout est malade en France.
Le tort des gens d'esprit, c'est leur indifférence,
Celui des gens de cœur, leur inutilité.
Mais à quoi bon venir prêcher la vérité
Et devant les badauds étaler sa faconde
Pour répéter en vers ce que dit tout le monde,
Sur notre état présent qui s'abuse aujourd'hui ?
Comme dit Figaro, qui trompe-t-on ici ?

Hélas ! Messieurs, qui on trompait en 1844, qui on trompe en 1909, c'est encore, toujours et sans cesse les électeurs, et si vous relisiez les Guêpes, qu'Alphonse Karr a publiées de 1830 à 1848, vous verriez combien tous les parlementarismes sont jumeaux et à quel point est grande la similitude des situations et l'identité des abus.

Assurément oui, restreints ou étendus, censitaires ou universels, tous les suffrages humains sont sujets à caution. Évidemment oui, tous les votants de la terre sont impressionnables et influençables à miracle. La question n'est donc pas de savoir si on peut les influencer ; la question est de savoir qui les influence, comment on les influence, et si, sous prétexte que la lutte est trop pénible et trop difficile, nous ne commettons pas un crime de désertion — et de désertion devant l'ennemi ! — en n'essayant pas de les disputer à la dégradante propagande

des faiseurs de surenchère électorale.
(*Applaudissements.*)

Nulle nation n'est plus capable que la
nôtre de s'enflammer pour une cause
juste, pour de grandes idées, pour le
désintéressement, pour l'honneur, pour
la gloire même ; mais encore faudrait-il
en parler, quitte à n'être pas écoutés
immédiatement.

Tous les hommes ne comprennent pas
toujours tout ce qu'on leur dit ; mais
beaucoup plus nombreux sont ceux
qui ne pensent pas d'eux-mêmes à ce
qu'on ne leur dit pas.

Croyez-moi, entre les responsables des
misères publiques, les plus coupables, ce
ne sont pas les électeurs : ce sont les
élus. (*Applaudissements.*)

Il serait plus qu'injuste de prétendre
que c'est le suffrage universel qui a
réclamé toutes les lois de désorganisation
sociale, militaire ou politique que le
Palais-Bourbon et le Luxembourg font

pleuvoir sur nous drû comme grêle. Elles n'ont été réclamées par personne ; elles ont été proposées, offertes comme un don de joyeuse élection par ces candidats en quête de bulletins de vote qui vont déchaînant chaque jour une passion nouvelle, pour le seul profit de leur ambition et qui ne s'acharnent à nous arracher une à une toutes nos croyances qu'à seule fin de se jouer plus facilement de nos crédulités. (*Applaudissements.*)

Il semble, pourtant, et c'est ce qui m'a décidé en partie à me remettre en route, il semble que la vérité se fasse jour peu à peu et que le peuple commence à soulever d'une main plus hardie l'épais bandeau que les parlementaires lui ont mis sur les yeux pour le faire aveuglément tourner dans le même cercle, comme ces pauvres chevaux de manège qui tirent toujours l'eau des puits sans

qu'une seule goutte en arrive jamais
jusqu'à leurs lèvres.

C'est ainsi que, depuis près de trente-
six années, — depuis quinze années surtout, — assoiffée de justice et de vérité,
la nation française est abreuvée de men-
songes, ainsi que les iniquités, que ses
exploiteurs lui font commettre, finissent
par retomber sur les épaules de la
malheureuse exploitée qui ne s'aperçoit
que trop tard du mal qu'elle s'est fait à
elle-même. *(Applaudissements.)*

Les Q.-M.

Grâce à Dieu! le coup des 15.000 qui
n'est qu'une suite logique d'autres préva-
rications moins visibles, a été pour la
masse électorale une lumineuse révélation.

Quoi! disent les bonnes gens, sans
nous prévenir, sans nous consulter, voilà
ces messieurs de la Chambre qui prélèvent
encore sur notre épargne de quoi aug-

menter leurs salaires, alors que nos
finances sont en déficit, alors que nous
sommes fort justement mécontents de
leurs absences continues et de leur con-
tinuelle fainéantise ! Sans compter que
rien ne nous dit qu'ils s'arrêteront sur cette
pente. Pourquoi ne prendraient-ils pas
demain le double, après-demain le triple,
et quand ils voudront le quadruple,
puisqu'ils s'imaginent qu'ils n'ont qu'à
siffler pour que notre argent vienne ?
Comment ! il ne leur suffit pas d'écraser
le budget sous leurs neuf cent mille fonctionnaires, dont les trois quarts ne
fonctionnent que pour eux ; il ne leur
suffit pas d'être partie prenante et inté-
ressée dans toutes les grandes escroqueries
du siècle; il ne leur suffit pas d'être les
fournisseurs attitrés des débitants de croix
d'honneur, des distributeurs de palmes
académiques, des trafiquants de grâces,
sursis, permis de tripot et autres denrées
politiques, dont leurs amis tiennent bou-

tique ouverte ; il ne leur suffit pas de nous faire ou de nous laisser dépouiller par leurs compères et compagnons, les voilà qui se mettent à nous voler eux-mêmes ! (*Applaudissements prolongés.*)

Et les bonnes gens ont raison et leur reproche est fondé, et le mot n'est pas trop fort : allonger subrepticement la main dans les caisses publiques, en retirer en cachette quatre ou cinq millions, et se les partager à la muette, est un mode de prélèvement où excellait la bande à Mandrin, ce grand percepteur méconnu, et où se complaisait également le bon Panurge, lequel, au dire de Rabelais, avait soixante et une façons de se procurer de l'argent, dont la plus honnête était par manière de larcin furtivement fait. (*Rires.*)

Il n'est douteux pour personne, pas même pour eux, qui ont exécuté leur petite opération au petit jour et à la sourdine que des législateurs à 9.000 francs n'ont pas plus le droit de s'établir législateurs à 15.000, qu'il ne leur serait légalement permis de prétendre siéger huit années au lieu de quatre.

Le pacte conclu entre eux et leurs électeurs ne serait pas plus outrageusement violé par une fantaisiste prolongation de durée qu'il ne l'a été par leur arbitraire augmentation de traitement.

J'ai, pour appuyer mon jugement, l'avis, que dis-je, la doctrine d'un parlementaire de marque, M. Charles Ferry. La première fois que fut présentée à la Chambre cette proposition de surélévation de tarif de la main-d'œuvre législative, elle le fut en 1899 par un député des Bouches-du-Rhône, qu'un non-lieu venait de faire sortir de la Conciergerie, où nous venions d'entrer Marcel Habert et moi, pour un tout autre motif. (*Rires.*)

Cet échappé de prison arguait de la difficulté qu'un député avait à être honnête homme pour vingt-cinq francs par jour, vu la cherté des distractions parisiennes.

Il sollicitait donc en conséquence un petit supplément de solde. (*Nouveaux rires.*)

M. Charles Ferry lui fit une réponse aussi curieuse dans ses motifs que précise dans ses conclusions.

Ah ! que j'aurais voulu pouvoir monter ce jour-là à la tribune, pour prendre acte des prodigieuses déclarations politiques de ce parlementaire convaincu, et pour appuyer aussi de mon vote sa très légitime protestation d'honnête homme.

Malheureusement, ainsi que je viens de vous le dire, j'étais alors sous les verroux, pour cause d'antiparlementarisme militant. (*Applaudissements.*)

Chacun de vous remarquera aisément au passage, sans que j'aie besoin de vous le signaler, combien les appréciations de M. Charles Ferry sur le rôle exorbitant du Parlement, sont en tous points d'accord avec les miennes. La seule différence est que, moi, je déplore ce dont lui s'enorgueillit.

Voici presque mot pour mot, cette réponse, qui mérite à tous points de vue d'être méditée.

« Messieurs, disait M. Charles Ferry, nous sommes des souverains ; l'indemnité est notre liste civile ; il n'y a pas d'exemple en Europe qu'un souverain ait augmenté lui-même sa liste civile ; c'est au peuple seul qu'il appartient d'en décider ! »

Or donc, si, de l'aveu même d'un membre du Parlement des plus distingués, des plus notables, c'est au peuple seul qu'il appartient de décider si ses représentants doivent ou non être payés davantage, les représentants qui se sont payés eux-mêmes davantage, ont manqué aux règles de la plus élémentaire probité. Ce n'est pas une usurpation de pouvoirs qu'ils ont commise, c'est une usurpation de billets de banque. (*Applaudissements.*)

On peut soutenir que la nation n'eût fait

que sage en augmentant le fixe de ses des-
servants politiques, surtout si ces messieurs
s'étaient engagés à renoncer à leur casuel.
Mais, sage ou non sage, la nation ne l'a
pas fait. A mon avis, du reste, elle eût
conclu là un marché de dupes.

Vous connaissez l'amusant dialogue de
M. de Talleyrand avec son majordome :

« Ecoutez, mon ami, lui disait le prince,
je double vos gages, mais à la condition
que vous ne me voliez plus ». Et l'autre
de répondre, avec une désinvolture digne
de son maître : « Impossible, Monseigneur, j'y perdrais. » (*Rires.*)

Je ne pousserai pas plus loin l'analogie.
Mais je dirai qu'il vaut mille fois... que
dis-je, quinze mille fois mieux, que l'offre
et la demande n'aient pas été faites et que
nos majordomes se soient accrochés eux-
mêmes au cou ce grelot d'or. La nation
cette fois ne peut plus s'y tromper, elle
voit clairement le cas que font nos répu-

blicains modernistes, quoique caducs, des
théories de l'impôt consenti, de la consul-
tation du pays, du respect des conventions
et autres ridicules sornettes des temps
préhistoriques et antédiluviens où, selon
un autre mot de Montesquieu, l'honneur
était le principe des démocraties. (*Applaudissements.*)

Défensive et offensive

N'allez pourtant pas croire, messieurs,
que, par le seul fait que ces ramasseurs
d'argent à la foire d'empoigne ont été
pris la main dans le sac, nous soyons
désormais débarrassés d'eux et de leur
séquelle.

Le peuple ne demandera assurément
pas mieux que de s'affranchir de leurs
doigts crochus ; il ne demandera pas
mieux que de respirer à l'aise loin et hors
de leur joug ; pas mieux même que de
châtier ses exploiteurs ou tout au moins

de les envoyer manger ailleurs la grasse
pension de retraite qu'ils se sont votée...
Mais, à tort ou à raison — à raison selon
moi qui ne confonds pas les principes
républicains avec le manque de principes
des parlementaires, — le peuple reste
attaché à la République. Les masses élec-
torales s'écarteraient violemment de quiconque chercherait à les orienter sur une
autre voie. Il ne faudra donc pas les
inquiéter par l'apparence, par l'ombre
même d'une accointance ou d'une compro-
mission royaliste ; encore plus faudra-t-il
les rassurer par la solide organisation d'un
bloc d'honnêtes républicains, capables de
tenir tête au bloc des républicains véreux,
et résolus à marcher sans exception de
personnes, ni exception de nuance, contre
les 15.000, et cela uniquement parce
qu'ils sont les 15.000 !

Il faudra aussi chercher, trouver et
soutenir des candidats nouveaux à oppo-
ser aux vieux parlementaires fourbes et

fourbus. Grande et lourde tâche, Messieurs, et pénible, et difficile, et coûteuse, dont j'ai bien voulu prendre l'initiative, mais qui réclamera bientôt, aussitôt du moins que les premières adhésions seront assez nombreuses et les premières souscriptions assez généreuses, la création d'un grand comité électoral formé de tous les éléments de l'opposition républicaine.

Quel que soit le nom, quel que soit le chef que prenne ce rassemblement de forces politiques unies sous le drapeau de la République, je lui promets l'appui absolu de la Ligue des Patriotes et je me déclare prêt à remplir la tâche que l'on voudra m'y assigner, fût-ce celle de frère prêcheur ou de frère mendiant.

Bienheureux serai-je, je vous l'assure, si mes peines, mes fatigues, l'humiliation même que je ressens, déjà à aller ainsi quêter de réunion en réunion, procurent à nos candidats les ressources nécessaires, et à la République les hommes voulus pour que les élections de 1910 soient enfin l'écrasement des coquins et le triomphe des honnêtes gens. (*Applaudisse-ments prolongés.*)

Telle est, ou plutôt telle serait la tactique que je conseille de suivre pour les futures élections législatives.

Politique extérieure

Je vous ai dit, Messieurs, sinon tout ce que j'avais à vous dire, du moins tout ce qui pouvait être dit, en une seule conférence, sur la politique intérieure des parlementaires. Il me reste à vous dire quelques mots sur leur politique extérieure.

Tout à l'heure, en commençant, je me suis laissé aller au plaisir d'énumérer un par un les heureux souvenirs que me rappelait Bordeaux. Maintenant, au moment d'aborder devant vous une question qui tient la première place dans mon cœur, je vois se dresser devant moi, cruel et poignant, l'obsédant souvenir d'une journée pendant laquelle j'étais votre hôte, et au cours de laquelle s'est accompli un des événements les plus douloureux de notre histoire contemporaine.

Il s'agit du 1er mars 1871 ; il s'agit de la ratification des préliminaires de paix par l'Assemblée nationale.

Engagé volontaire pour la durée de la guerre, fait prisonnier à Sedan, évadé une première fois des mains de l'ennemi, je venais de lui échapper une fois encore dans le but unique de venir redemander du service au gouvernement de la défense nationale. Je ne croyais pas, je ne voulais pas croire que le sacrifice fût consommé. Comme de plus sages, comme de plus éclairés et de mieux renseignés que moi, comme Carnot et comme Gambetta, pour ne citer que ces deux-là, j'étais partisan de la continuation de la guerre.

Les marches douloureuses dans la neige, la faim, le froid, les blessures, la mort même, j'acceptais tout plutôt que la mutilation de la Patrie. Errant autour du Grand Théâtre, où était réunie l'Assemblée nationale, perdu dans la foule, j'attendais avec une anxiété follement mêlée d'espérance, les résultats de cette première et définitive délibération sur les exigences du vainqueur.

Tout à coup, vers le milieu de la journée, de bouche en bouche d'abord, puis par des placards imprimés, la nouvelle foudroyante s'abattit sur nos têtes et sur nos cœurs : 546 députés contre 107 s'étaient résignés à payer à la Prusse victorieuse la rançon de la France vaincue au prix de deux de ses plus belles, de deux de ses plus chères provinces !

Je dois le dire, à l'honneur de la population bordelaise, dont bien des fils pourtant avaient déjà versé leur sang sur les champs de bataille, la consternation ne fut pas moins grande parmi les partisans de la paix que parmi les outranciers de la guerre. (*Applaudissements.*)

Quant à moi, une balle en plein cœur ne m'eût pas fait plus souffrir que l'abandon à l'ennemi d'un million et demi de Français, dont le seul crime était d'être nés plus près de la frontière, et qui se trouvaient ainsi plus faciles à incorporer à un État voisin que ne l'étaient les Français du Languedoc ou de la Bretagne. (*Applaudissements.*)

Car je ne discute même pas les mensongères revendications et les prétendus droits de la Prusse sur des territoires qui ne lui ont jamais appartenu, sur des territoires qui n'ont jamais été l'un et l'autre, avant d'être à nous, que deux fiefs mouvants de la Maison d'Autriche, et pour la cession desquels la France avait signé, non pas avec les Hohenzollern, alors inexis-

tants, mais avec les Habsbourg, un traité,
à titre perpétuel et irrévocable — comme
le sont tous les traités qui se perpétuent
tant qu'il faut les subir, et qui se révo-
quent le jour où on se sent la force et le
courage de les déchirer. (*Applaudissements.*)

Ma première douleur, une fois calmée,
je me mis à examiner à travers mes larmes
quel était mon devoir, quel était le devoir
de tous les Français vis-à-vis de ces Alsa-
ciens et de ces Lorrains dont la sublime
protestation de fidélité à la France méri-
tait, exigeait toute notre constance, tout
notre dévouement, tout notre amour !

Ma conviction, qui se trouva être aussi
celle de tous les patriotes d'alors, républicains, bonapartistes ou royalistes, fut qu'il
fallait que tout le monde devînt soldat et
que notre devoir le plus urgent était de
préparer une armée à la France.

L'élan fut unanime et au travers même
de nos dissensions intérieures, tous et

chacun, avec une ardeur infatigable, tra-
vaillèrent à la mise en état de défense, et
même, pourquoi ne pas le dire puisque
cela est la vérité, et que cela était notre
honneur, à la mise en état de délivrance du
pays français.

Oui, la reprise des provinces perdues,
le relèvement de la Patrie, la Revanche
pour l'appeler par son nom, la Revanche
fut, pendant dix belles, dix nobles années,
l'unique rêve, l'unique espoir, le but
unique de la nation entière.

En 1880, l'œuvre de réparation et de
préparation militaire était achevée ; de
nouveaux drapeaux étaient distribués à
notre jeune armée et quiconque a assisté,
cette année-là, à cette fière revue du
14 juillet, entrevoyait... voyait passer
l'Alsace et la Lorraine sous cet arc-en-ciel
tricolore. (*Applaudissements.*)

Hélas ! dès 1881 — je laisse de côté les
noms pour enlever à mes reproches tout
caractère personnel — dès 1881, poussés

d'une part par l'ordre déguisé en conseil de M. de Bismarck, qui verrait d'un bon œil, disait-il, l'expansion de la France vers les pays barbaresques ; guidés, d'autre part aussi, par leurs propres calculs et par leurs préoccupations personnelles, les parlementaires se mirent à dilapider notre Trésor de guerre et à disperser les réserves de forces si sagement amassées en de coûteuses et sanglantes expéditions coloniales. Nos petits soldats, nos officiers, nos généraux se montrèrent, là, ce qu'ils se seraient plus utilement montrés sur les bords du Rhin : leur vaillance, leur endurance, leur entrain, toutes ces qualités de la race les firent triompher partout, de tous les obstacles, de tous les dangers, de tous les ennemis.

Au Tonkin, au Dahomey, à Madagascar, comme hier encore au Maroc, leurs succès firent à la France beaucoup d'honneur à défaut de gloire.

Mais le rêve de Bismarck était réalisé ; la faute capitale était commise, la dispersion et la diversion étaient commencées.

Notez, je vous en prie, que je ne suis nullement un adversaire systématique de la politique coloniale. Mais la colonisation doit venir à son heure, elle est l'œuvre d'un lendemain de victoire ; elle n'est pas l'œuvre d'un lendemain de défaite.

Une nation européenne qui n'est pas maîtresse de ses intérêts sur le continent, n'est pas plus maîtresse de ceux qu'elle se crée de l'autre côté des mers ?

Et puis, il y a trois façons de coloniser : la première, qui est pratique et naturelle, consiste à avoir des colonies et à avoir des colons, c'est la méthode des Anglais et des Hollandais ; la seconde, qui n'est pas naturelle, mais qui est très pratique, consiste à avoir des colons sans avoir de colonies, c'est celle des Allemands et des Italiens ; la troisième, enfin, qui n'est ni pratique ni naturelle, consiste à avoir des colonies sans avoir de colons. C'est la nôtre. (*Rires.*)

Nos maîtres savent et savaient cela tout aussi bien que moi, mais pour être absurde au point de vue national, leur politique coloniale n'en est pas moins très logique au point de vue de leurs visées ambitieuses et de leurs intérêts électoraux.

De quoi ont-ils peur? D'un général victorieux! Donc pas de guerre libératrice. De quoi ont-ils besoin? d'un débouché pour fonctionnaires! Donc des expéditions coloniales!

Je reconnais qu'avec l'aide et grâce à l'initiative de bons Français, en tête desquels je citerai une excellente Française, qui est Mme Edmond Adam, avec l'aide et grâce aux habiles négociations d'un remarquable ministre, qu'ils n'en ont pas moins renversé et qui est M. Delcassé, les parlementaires en sont arrivés à conclure deux utiles rapprochements : l'alliance russe et l'entente anglaise.

Encore faut-il savoir quel profit ils ont su tirer de ces précieux accords ? Rien, rien, absolument rien ! Non, pas même un moyen de pression sur l'Europe, non, pas même un levier d'indépendance nationale. Notre diplomatie n'a pas davantage pu obtenir, l'an dernier, ce que nous voulions au Maroc, qu'elle ne saura obtenir cette année ce que nous voudrions en Crète.

Les inexorables oppresseurs qui nous subordonnent si durement à leurs lois iniques, se subordonnent eux-mêmes, comme de plats valets à nos alliés et à nos vainqueurs.

Par crainte des uns, par égard pour les autres, ils ont, peu à peu, fait descendre, fait tomber, notre grande nation au rang de nation de second ordre... et de premier désordre ! *(Applaudissements.)*

Nos finances ? ils les ont ruinées ; nos

libertés ? ils les ont confisquées ; notre magistrature ? ils l'ont avilie ; notre reli-
gion ? ils l'ont persécutée ; notre marine ?
ils l'ont anéantie !

En réalité, il ne reste debout au milieu
de toutes ces ruines que l'Armée, cette ad-
mirable armée dont je vous parlais tout à
l'heure qui est aujourd'hui beaucoup plus
instruite, beaucoup plus entraînée qu'elle
ne le fut jamais ; beaucoup plus disciplinée
qu'on ne veut bien le dire et dont la valeur
professionnelle est telle que même immo-
bile, même au port d'armes, c'est elle et
elle seule qui ajourne, retarde et empêche
toutes les agressions injustes, toutes les in-
vasions inopinées. (*Applaudissements.*)

Par malheur, comme ce sont aussi nos
parlementaires qui tiennent la poignée de
son épée, comme on sait qu'ils ne s'en ser-
viront jamais en Europe, et comme ils ne
s'en servent en France que pour sabrer les
grévistes, assiéger les églises ou tenir les

mécontents en respect, cette brave, noble et généreuse armée qui assure si bien notre sécurité vis-à-vis de l'Etranger et qui pourrait si bien nous assurer de la gloire, se trouve réduite par nos tyrans à n'être plus que le satellite de leur tyrannie. (*Applaudissements prolongés.*)

Sursum corda !

Je me résume, messieurs : Le 1er mars 1871, je faisais un grief impardonnable au régime impérial d'avoir perdu l'Alsace et la Lorraine en deux mois de campagne.

Aujourd'hui, 6 juillet 1909, je fais un grief beaucoup plus impardonnable au régime parlementaire, non seulement d'avoir mis 39 ans à ne pas libérer les provinces conquises, mais encore d'avoir traité en pays conquis, taillable, corvéable et volable à merci les trente autres provinces qui nous restaient. (*Applaudissements.*)

Ce n'est pas dire, messieurs, que je désespère du salut de la France ; ce n'est pas dire que je doute de toutes les libérations futures ; non, pas même, entendez-le bien, non, pas même de la régénération de la République.

Comme l'Athénienne Leæna, j'aimerais mieux me couper la langue avec les dents que de laisser passer entre mes lèvres un seul de ces trois blasphèmes.

Est-ce que ma devise n'est pas : tant que je respirerai, j'espèrerai ? Est-ce que ma seule présence ici ne vous dit pas que tout attristé qu'il soit, mon cœur n'est pas abattu ? Est-ce que je rentrerais dans l'arène, est-ce que je vous exhorterais à m'y suivre si je n'entrevoyais pas la victoire possible au bout de la lutte ? Est-ce qu'enfin je viendrais, avec mes 63 ans, ma barbe grise et mon pied cassé, reprendre mon bâton de pélerin, ma course de missionnaire, mes prédications de défenseur des droits du peuple, si je n'avais, incrustée dans mon âme comme un diamant dans sa gangue, mon irréductible foi dans les immortelles destinées de la Patrie ? (*Applaudissements prolongés. Vive émotion. Cris de : Vive Déroulède !*)

« Dieu prouve son amour pour la France par les folies qu'il lui laisse commettre sans qu'elle en meure », disait en l'an de disgrâce 1610 un vieux philosophe charentais, Güez de Balzac.

Trois siècles ont passé sur cet acte de foi patriotique, et pendant trois siècles, une succession extraordinaire d'événements tragiques et sanglants, de guerres intestines et de guerres étrangères, de chutes profondes et de relèvements soudains, ont fait de cette tranquille affirmation la plus magnifique des prophéties. (*Applaudissements.*)
Et vous croyez et vous dites que c'en est fait de nous parce que nous avons

traversé une période plus ou moins longue de mauvaises années ? Et vous dites et vous croyez que la France va sombrer à pic parce que quelques centaines de pirates se sont emparés du navire, ont jeté l'équipage à fond de cale et parlent de nous suspendre aux vergues ? Allons donc ! la corde cassera, la corde casse déjà, et c'est nous qui rejetterons les pirates à la mer. (*Applaudissements.*)

Seulement, messieurs, il faut grouper ses forces, unir ses ressources : il faut payer de sa personne et de son argent : il faut apporter son appui et son appoint; sacrifier... sacrifier quoi ? Quelques mois de votre oisiveté, quelques semaines de vos revenus, quelques parcelles de vos économies, quelques miettes de votre superflu ! Il faut, en un mot, que tout le monde donne, dans le sens militaire et dans le sens charitable du terme. (*Applaudissements.*)

Ah ! ce serait bien vite fait alors de réunir les millions de voix et les millions de francs, aussi nécessaires les uns que les autres à la délivrance de nos libertés, à la défense de nos intérêts, au rétablissement de nos droits.

Car ce ne sera pas la rançon d'autrui que vous acquitterez, ce sera la vôtre ; ce sera aussi le rachat de vos fautes, de votre indolence, de votre incurie, du criminel laisser-aller qui a peu à peu livré toutes les richesses, toutes les forces, tout le destin du pays à des mains indignes. Mais, je vous en conjure, plus d'inertie ! plus de mollesse ! plus de récriminations stériles, d'applaudissements sans effet, de protestations sans actes !

Vous voulez que la France vive ? Vivez pour elle ! Vous voulez que la Patrie se relève ? Tenez-vous debout ! Vous voulez que la République soit mieux servie ? Servez-la !

Et, pour la République, pour la Patrie,

pour la France, bataille ! mes amis, bataille ! et que Dieu nous aide !

(Applaudissements prolongés. Une magnifique ovation est faite à Paul Déroulède.)

Paris. — Imp. de la PRESSE et de la PATRIE

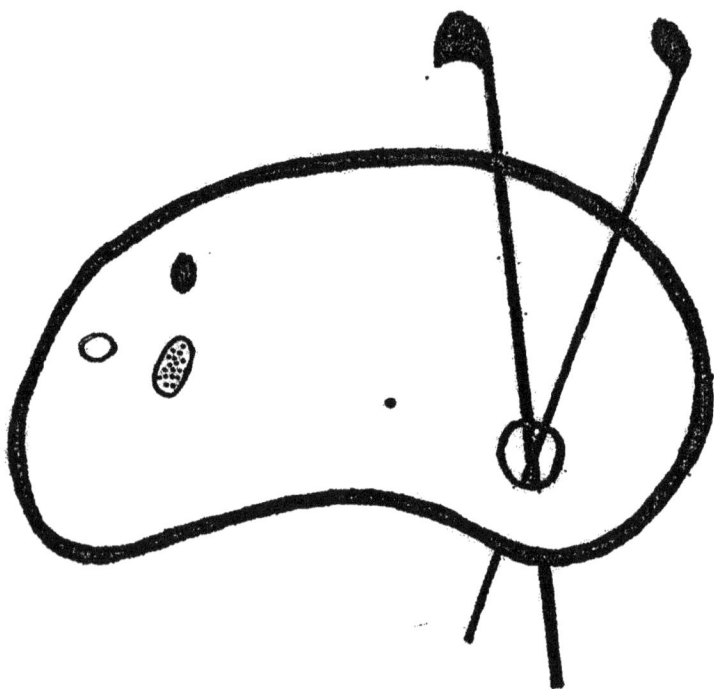

ORIGINAL EN COULEUR
NF Z 43-120-8

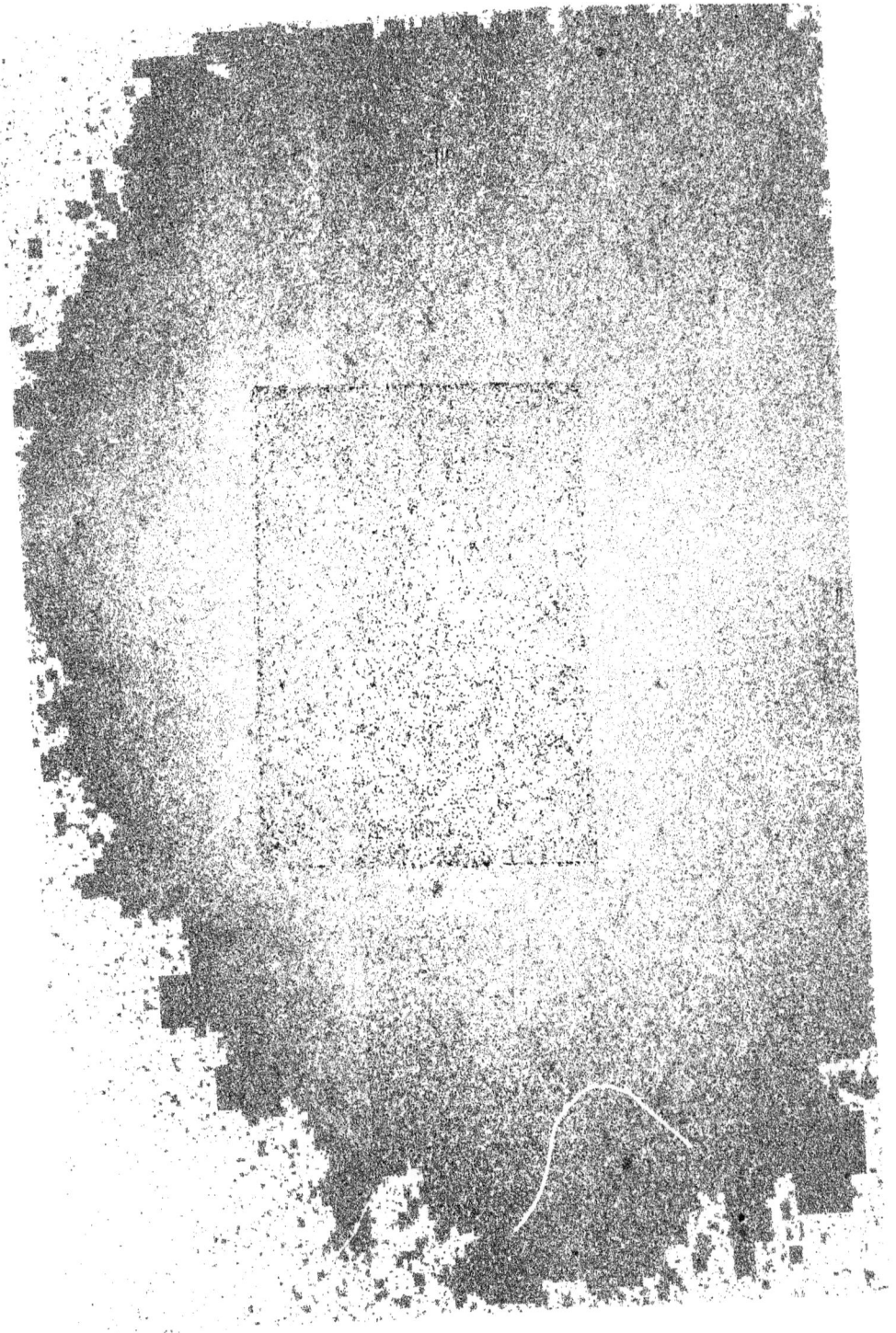

www.ingramcontent.com/pod-product-compliance
Lightning Source LLC
Chambersburg PA
CBHW070951280326
41934CB00009B/2055